MI LIBRO DE LECTURA Y ESCRITURA

COVER: Nathan Love.

mheducation.com/prek-12

Copyright © 2020 McGraw-Hill Education

Send all inquiries to:
McGraw-Hill Education
Two Penn Plaza
New York, New York 10121

ISBN: 978-0-07-702822-0
MHID: 0-07-702822-8

Printed in the United States of America.

2 3 4 5 6 LMN 23 22 21 20

A

¡Bienvenidos a Maravillas!

Explora textos apasionantes de Literatura, Ciencias y Estudios Sociales.

- ★ LEE acerca del mundo que te rodea.

- ★ PIENSA, HABLA y ESCRIBE sobre géneros literarios.

- ★ COLABORA en charlas e investigaciones.

- ★ ¡EXPRÉSATE!

my.mheducation.com

Con tus datos de acceso podrás leer textos, practicar fonética, ortografía, gramática y mucho más.

Unidad 4 — Animales por todas partes

La gran idea

Semana 1 • Características de los animales

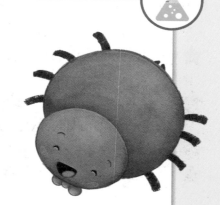

Semana 2 • Los animales unidos

Georgette Douwma/Photographer's Choice/Getty Images

Semana 3 • En la naturaleza

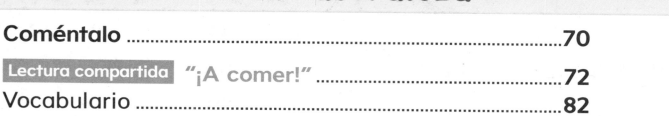

Semana 4 • ¡Insectos!

Semana 5 • Trabajos con animales

Ryan McVay/Photodisc/Photolibrary

Escritura y gramática

Conclusión de la unidad

Animales por todas partes

Escucha el poema "El conejo" y piensa en lo que dice.

 Conversa sobre otros animales que conozcas. ¿Cómo se mueven?

La gran idea

¿De qué animales sabes algo? ¿Cómo son?

Coméntalo

Pregunta esencial ¿Qué pueden hacer los animales con su cuerpo?

Comenta lo que hacen las jirafas. ¿Por qué su cuello les resulta útil para comer?

Escribe lo que sabes acerca de las jirafas. Compáralas con otro animal que conozcas.

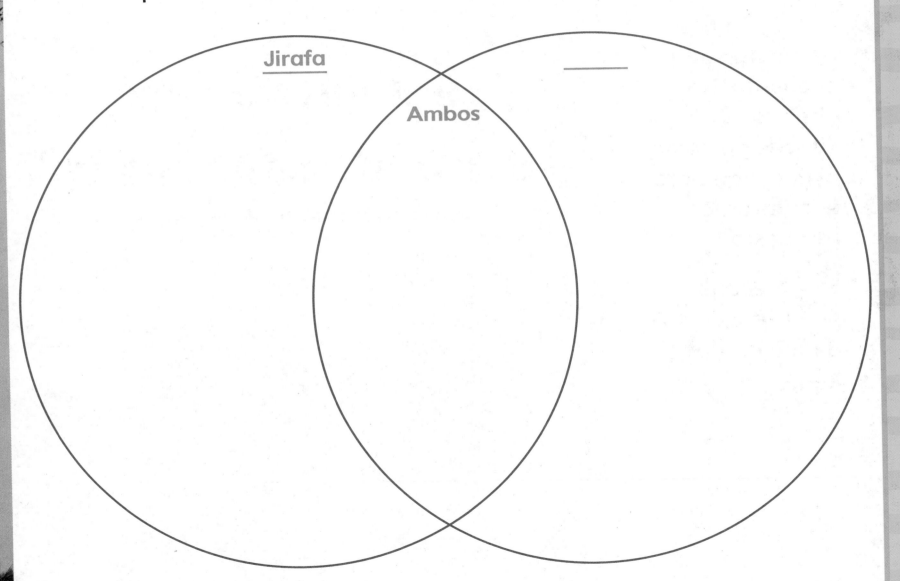

Jirafa

Ambos

_____

Buscar evidencias

Piensa en una pregunta sobre el cuento. Usa el título y la ilustración como ayuda. Lee para encontrar la respuesta.

Señala cada palabra del título a medida que la lees.

¿Qué pueden hacer los animales con su cuerpo?

¿Por qué Anansi tiene ocho patas largas?

Versión de un cuento folclórico africano

Características de los animales

🔍 Buscar evidencias

✏️ **Subraya** y lee en voz alta las palabras *aunque* y *trae*.

👧👦 **Haz** preguntas acerca de los personajes del cuento. Sigue leyendo para encontrar las respuestas.

Las patas de la araña Anansi no siempre fueron largas. Pero Anansi estaba **orgulloso** de sus patitas chicas. Aunque no podía correr, se movía dando saltitos.

Una mañana Anansi sintió olor a comida. "¿Qué es ese aroma que trae el viento?", pensó. "¡Debe ser hora de comer!".

Y se encaminó dando saltos a la casa de su amigo Conejo.

🔍 **Buscar evidencias**

✏️ Encierra en un círculo y lee en voz alta las palabras que tienen el sonido *ch*.

👥 Comenta lo que hace Anansi. ¿Por qué se va de la casa de Conejo?

—¿Qué comes, Conejo?

—Chícharos. Pero no están listos. Si quieres, te muestro mis flores mientras esperamos.

"Si me quedo, Conejo me pedirá ayuda", pensó Anansi. "Tengo una idea **formidable**".

—Debo ver a Jirafa —dijo—. La ayudaré a reparar su techo. Ataré un hilo desde mi pata hasta la olla. Cuando los chícharos estén listos, tira del hilo para avisarme.

Buscar evidencias

Encierra en un círculo y lee en voz alta las palabras con el sonido *ch*.

Haz preguntas acerca del cuento. Sigue leyendo para encontrar las respuestas.

Anansi se fue dando saltitos, con el hilo atado a una pata de atrás. En la casa de Jirafa, sintió un rico aroma.

—¿Qué comes, Jirafa?

—Chiles. Pero no están listos. Charlemos un rato.

"Si me quedo, Jirafa me pedirá ayuda", pensó Anansi.

—Debo ver a Ratón —dijo—. Ataré un hilo desde mi pata hasta la olla. Cuando los chiles estén listos, tira del hilo para avisarme.

Buscar evidencias

 Subraya y lee en voz alta las palabras *entonces* y *puede*.

 Haz otras preguntas que puedas tener para comprender el cuento. Vuelve a leer para hallar las respuestas.

Enfoque en la fluidez

Túrnate con un compañero para leer el texto en voz alta.

• Lee con atención.

• Lee como si estuvieras hablando.

Anansi se alejó dando saltitos. Y así fue de casa en casa hasta que sus ocho patas quedaron amarradas a ocho ollas. Entonces sintió un tirón que le sacudió el cuerpo.

Todos los animales tiraron de los hilos a la vez… ¡con tanta fuerza que se le estiraron las patas! Por eso Anansi tiene patas largas. ¡Y puede correr y dar saltos enormes!

Vocabulario

 Escucha las oraciones y mira las fotos.

 Comenta qué significan las palabras.

 Escribe tu propia oración usando cada palabra.

formidable

El león es un animal **formidable**.

_____

- - - - - - - - - - - - - - - - - - - -

_____

orgulloso

El pavo real está **orgulloso** de sus plumas.

_____

- - - - - - - - - - - - - - - - - - - -

_____

Si no conoces el significado de una palabra, puedes consultar un diccionario para descubrirlo.

Buscar evidencias

No sé bien qué significa *encaminó*. Buscaré en el diccionario la palabra *encaminar*, que es la palabra base de *encaminó*. Aprendo que *encaminar* significa "dirigir algo hacia un punto determinado".

Y se encaminó dando saltos a la casa de su amigo Conejo.

Tu turno

Busca en un diccionario la palabra *estiraron*, de la página 2I. Escribe su significado.

_____

_____

_____

_____

El cuento folclórico es un género literario. Los cuentos folclóricos son historias que se han contado por muchos años. A veces sus personajes son animales que se comportan como humanos.

¿Por qué Anansi tiene ocho patas largas?
Versión de un cuento folclórico africano

 Vuelve a leer "¿Por qué Anansi tiene ocho patas largas?" para saber por qué es un cuento folclórico.

 Comenta cómo sabes que es un cuento folclórico.

 Escribe dos claves del cuento que te indiquen que se trata de un cuento folclórico.

Personaje animal	¿Cómo se comporta como un ser humano?

Los autores a menudo organizan la información en *secuencia*, es decir, en el orden en que ocurren los sucesos. Piensa en lo que pasa *primero, después, luego* y *al final* del cuento para comprender la secuencia.

 Vuelve a leer "¿Por qué Anansi tiene ocho patas largas?"

 Comenta los sucesos usando palabras que indican secuencia.

 Escribe lo que pasa *primero, después, luego* y *al final*.

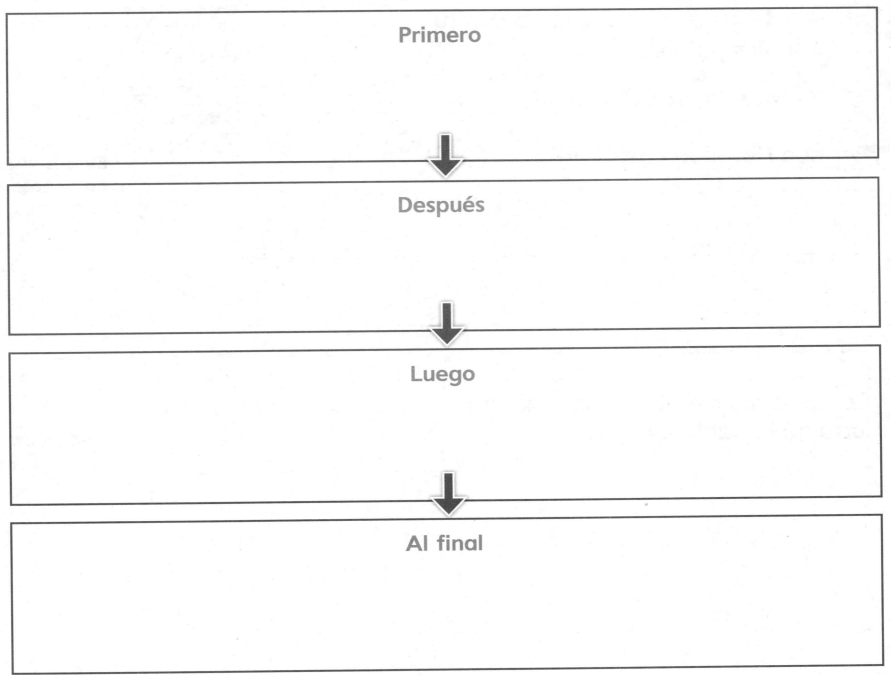

Primero

Después

Luego

Al final

Vuelve a contar el cuento con tus propias palabras.

 Escribe acerca del cuento.

¿Por qué Hormiga cae al río?

_____

_____

_____

_____

 Evidencia en el texto

Página

¿Cómo se dio cuenta Paloma de que Hormiga la había ayudado?

_____

_____

_____

_____

Evidencia en el texto

Página

Comenta en qué se parecen y en qué se diferencian ambos cuentos.

 Escribe acerca de los cuentos.

¿En qué se parecen los personajes de los cuentos? ¿En qué se diferencian?

_____

- -

_____

- -

_____

¿Cómo los animales de cada cuento utilizan las partes de su cuerpo para ayudarse?

_____

- -

_____

- -

Haz inferencias

Usa detalles del texto para comprender algo que no está explicado en el texto.

Anansi es...

Hormiga y Paloma...

Comenta qué hacen Hormiga y Paloma en las páginas 16-19.

 Escribe claves del texto y las ilustraciones que muestran qué hacen Hormiga y Paloma que no pueden hacer los animales reales.

Texto	Ilustraciones

¿Cómo te ayudan el texto y las ilustraciones a comprender que Hormiga y Paloma no se comportan como animales reales?

_____

- -

_____

- -

_____

Comenta qué hacen los animales en las páginas 20-23.

 Escribe qué problema tiene Paloma y cómo la ayuda Hormiga.

Problema	Solución

¿Cómo muestra la autora que a Hormiga le importa ayudar a Paloma?

_____

- -

_____

- -

_____

Comenta qué pasa al final del cuento.

 Escribe claves que te ayudan a comprender el mensaje del cuento.

La hormiga
y la paloma

Clave	Clave

↓ ↓

Mensaje del cuento

¿Cuál es el propósito de la autora?

_____

- -

_____

- -

_____

 Escríbelo

Elige dos animales y escribe un cuento sobre cómo uno ayuda al otro.

Murciélagos, murciélagos y ¡más murciélagos!

El murciélago es un mamífero. Como todos los mamíferos, tiene pelo y columna vertebral. Además, los bebés nacen de la mamá y beben leche materna.

Pero, en un aspecto importante, el murciélago es distinto de todos los demás mamíferos: ¡tiene alas!

 Lee para aprender sobre los murciélagos.

 Subraya las oraciones que dicen en qué se parecen los murciélagos y los demás mamíferos.

 Comenta por qué el autor eligió esta foto para este texto.

milehightraveler/iStock/Getty Images; Ewen Charlton/Moment/Getty Images

Lee la tabla que compara las partes del cuerpo de los murciélagos y las aves.

Parte del cuerpo	Murciélago	Ave
orejas	orejas enormes para escuchar en la noche	dos pequeños oídos sin orejas
cobertura	pelaje (pelo)	plumas
alas	dos alas con una capa de piel; cuatro dedos y un pulgar en cada ala	dos alas con plumas
patas	dos patas cortas con garras	dos patas largas con garras
hocico	hocico grande de distintas formas y tamaños	sin hocico pero con pico

¿Murciélagos o ave?

(l) Ewen Charlton/Flickr/Getty Images; (r) ROY H PHOTOGRAPHY/Flickr/Getty Images

Subraya dos detalles que indiquen en qué se diferencian las patas de los murciélagos y de las aves.

Encierra en un círculo cuántas alas tienen los murciélagos y las aves.

Comenta qué información da esta tabla al lector.

Acuérdate

Lee primero los encabezados de la tabla.

Comenta lo que aprendes sobre los murciélagos y las aves a partir de la tabla.

 Escribe claves de la tabla.

¿Cómo es la cobertura de los murciélagos?	
¿Cómo son las patas de los murciélagos?	

¿Cómo te ayuda el autor a comparar el cuerpo de los murciélagos con el de las aves?

_____

- -

_____

- -

_____

Coméntalo

¿Cómo muestra el autor lo que hacen los animales con su cuerpo?

Búsqueda e investigación

El cuerpo de los animales

Paso 1 Elige un animal sobre el cual investigar. Estudia cómo usa su cuerpo para sobrevivir, moverse o comer.

_____

- -

_____

Paso 2 Decide qué quieres saber acerca del animal que elegiste. Escribe tus preguntas.

_____

- -

_____

_____

- -

_____

_____

- -

Paso 3 Decide qué fuentes consultarás para hallar la información que necesitas.

Paso 4 Escribe lo que aprendiste acerca del animal.

_____

- - - - - - - - - - - - - - - - - - - -

_____

- - - - - - - - - - - - - - - - - - - -

_____

- - - - - - - - - - - - - - - - - - - -

_____

- - - - - - - - - - - - - - - - - - - -

_____

- - - - - - - - - - - - - - - - - - - -

_____

- - - - - - - - - - - - - - - - - - - -

_____

- - - - - - - - - - - - - - - - - - - -

_____

Paso 5 Dibuja al animal. Rotula las partes de su cuerpo.

Paso 6 Decide cómo presentarás tu trabajo.

Haz conexiones

 Comenta la información que brinda la leyenda acerca de las liebres.

 Compara cómo usan el cuerpo estas liebres y los murciélagos de "Murciélagos, murciélagos, ¡y más murciélagos!". Usa oraciones completas.

Acuérdate

Para comparar los animales, puedes completar estas oraciones:

Las liebres del Ártico tienen…

Los murciélagos tienen…

image courtesy National Gallery of Art

El pelaje de las liebres del Ártico se vuelve blanco durante el invierno. Eso les permite esconderse en la nieve.

Lo que sé ahora

Piensa en los textos que escuchaste y leíste
esta semana acerca del cuerpo de los animales.
Escribe lo que aprendiste.

_____

- -

_____

- -

_____

- -

_____

 Piensa en otros animales sobre los que te
gustaría aprender. Coméntalo con un compañero.

 Comenta algo que aprendiste esta semana
acerca de los cuentos folclóricos.

Coméntalo

Pregunta esencial ¿Cómo se ayudan los animales?

Comenta cómo se ayudan el hipopótamo y el ave.

 Escribe lo que sabes acerca de estos dos animales.

Hipopótamo	Ave

Lectura compartida

 Buscar evidencias

 Lee el título y mira la foto. Piensa en lo que quisieras aprender con este texto.

 Observa las imágenes y hazte preguntas acerca de lo que ves. Sigue leyendo para encontrar la respuesta.

Pregunta esencial

¿Cómo se ayudan los animales?

Martin Strmiska/Alamy

Peces en equipo

Lectura compartida

Leer

Buscar evidencias

 Subraya y lee en voz alta la palabra *seguir*.

 Encierra en un círculo y lee en voz alta las palabras con *ll* o *w*.

Algunos peces nadan en los ríos. Otros nadan en el mar.

En las playas de Hawái, podemos ver peces muy bellos cerca de la orilla.

¡Vamos a nadar para seguir a estos peces por el fondo del mar!

A veces, los peces nadan solos. A veces, nadan con un **compañero**.

Muchos nadan juntos. Forman un equipo llamado cardumen.

Leer

 Subraya y lee en voz alta las palabras *empezar* y *hacia*.

 Comenta algunas preguntas que tengas acerca de la lectura. Sigue leyendo para encontrar las respuestas.

En un cardumen hay muchos peces. Para empezar a moverse, esperan a estar todos juntos.

Entonces nadan hacia el fondo. Allí buscan comida.

Reinhard Dirscherl/Alamy

Los peces comen muchas cosas.
Algunos comen animales pequeños.
¡Y algunos comen otros peces!

Los peces gato comen juntos para estar a salvo.

Buscar evidencias

Subraya y lee en voz alta las palabras *porque* y *cuerpo*.

Encierra en un círculo y lee en voz alta la palabra con *ll*.

Los peces están en **peligro** cuando nadan solos. ¿Por qué? Porque un pez grande los puede comer.

Pero si están en un cardumen, se pueden esconder.

Un cardumen ordenado llama la atención.

De lejos, parece el cuerpo de un animal grande.

¡Y nadie se mete con un animal tan grande!

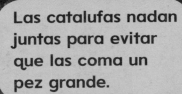

Las catalufas nadan juntas para evitar que las coma un pez grande.

(inset)Richard Carey/iStock/360/Getty Images

Buscar evidencias

Vuelve a contar el texto usando las fotos y las palabras.

Enfoque en la fluidez

Túrnate con un compañero para leer el texto en voz alta.

- Lee cada palabra con atención.

- Lee como si estuvieras hablando.

Aquí llega un pez que busca comida. Pero no se anima a molestar al cardumen... ¡Se imagina que el cardumen es un animal enorme!

Georgette Douwma/Photographer's Choice/Getty Images

En un cardumen, los peces están a salvo.

¡Es difícil derrotar a un equipo tan fantástico!

Cientos de barracudas nadan juntas.

Vocabulario

 Escucha las oraciones y mira las fotos.

 Comenta qué significan las palabras.

 Escribe tu propia oración usando cada palabra.

peligroso

Su mamá lo protege del **peligro**.

_____

- -

_____

compañero

El gato es un buen **compañero**.

_____

- -

_____

John Pitcher/Design Pics; Somos/SuperStock

Si no conoces el significado de una palabra, puedes encontrar claves en las otras palabras de la oración o las oraciones cercanas.

Buscar evidencias

No sé bien qué significa *orilla*. La oración "En las playas de Hawái, podemos ver peces muy bellos cerca de la orilla" me da claves acerca del significado. Me doy cuenta de que *orilla* es donde el mar se une con la tierra.

En las playas de Hawái, podemos ver peces muy bellos cerca de la orilla.

Tu turno

¿Qué palabras pueden ayudarte a comprender el significado de *cardumen*, en la página 45?

_____

- - - - - - - - - - - - - - - -

_____

- - - - - - - - - - - - - - - -

_____

- - - - - - - - - - - - - - - -

Martin Strmiska/Alamy

La no ficción es un género literario. Los textos de no ficción brindan datos. Pueden estar organizados a partir de descripciones.

 Vuelve a leer "Peces en equipo" para descubrir cómo está organizado el texto.

 Comparte qué describe el autor en la página 44.

 Escribe lo que describe el autor en las páginas 45 y 47.

Peces en equipo	Lo que se describe
Página 44	
Página 45	
Página 47	

La idea principal es el tema del texto. Los **detalles clave** brindan información acerca de la idea principal.

Peces en equipo

 Vuelve a leer "Peces en equipo".

 Comenta los detalles claves en el texto. Luego, para encontrar la idea principal, piensa en qué tienen esos detalles en común.

 Escribe la idea principal y los detalles clave en la tabla.

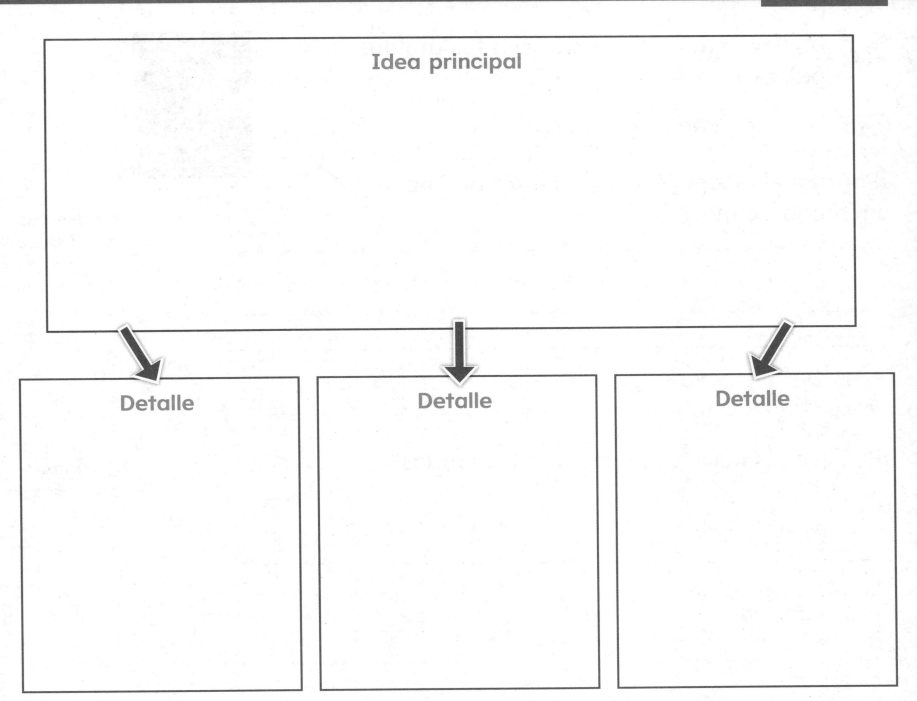

Idea principal

Detalle

Detalle

Detalle

Vuelve a contar el texto con tus propias palabras.

 Escribe acerca del texto.

¿Por qué el pez payaso vive dentro de una anémona de mar?

_____

_____

_____

_____

Evidencia en el texto

Página

¿Por qué las hormigas ayudan a las orugas?

_____

_____

_____

_____

Evidencia en el texto

Página

Conecta con el Texto principal

 Comenta en qué se parecen y en qué se diferencian ambos textos.

 Escribe acerca de los textos.

¿En qué se parecen los textos?

_____

_____

_____

_____

¿Por qué es importante que los animales se ayuden?

_____

_____

_____

_____

Enfoque en la fluidez

Túrnate con un compañero para leer *Animales en equipo.*

• Lee cada palabra correctamente.

• Lee como si estuvieras hablando.

• Haz una pausa luego de cada punto.

Comenta cómo se ayudan los animales en las páginas 40 y 41.

 Escribe claves del texto y las fotografías para completar la tabla.

Lo que dice el texto	Lo que muestran las fotos

¿Cómo usa la autora el texto y las fotografías para ayudarte a comprender cómo trabajan en equipo los animales?

_____

- -

_____

_____

- -

_____

Conversa sobre la pregunta que plantea la autora al final de la página 42.

 Escribe claves del texto para responder la pregunta de la autora.

Respuesta

¿Cómo te ayuda la autora a comprender la información acerca de estos animales?

_____

- -

_____

- -

_____

Comenta cómo se ayudan unos a otros los animales de las páginas 46-49.

 Escribe lo que aprendiste acerca de los equipos de animales en estas páginas.

Páginas 46-47	Páginas 48-49

¿Por qué la autora muestra tantos equipos de animales?

_____

- -

_____

_____

- -

_____

 Escríbelo

¿Qué equipo de animales te parece más interesante? ¿Por qué?

La vida en la colmena

La colmena es la casa de las abejas. Cada abeja tiene un trabajo para ayudar a la colmena.

Normalmente, las colmenas están en los árboles.

 Lee para saber cómo trabajan en equipo las abejas.

 Encierra en un círculo la oración que explica qué es una colmena.

 Comenta la información que da el autor sobre la vida en la colmena.

(t)Jan Rietz/Nordic Photos/Getty Images; (b)©Ted Horowitz/Corbis

En todas las colmenas hay una abeja reina. Ella pone todos los huevos. En la colmena también hay abejas macho, o zánganos. Su trabajo es ayudar a la reina a hacer los huevos.

La abeja reina y los zánganos en la colmena.

Subraya la oración que explica lo que hace la abeja reina.

Encierra en un círculo la oración que dice quién más vive en la colmena.

Conversa sobre la foto y la leyenda. ¿Por qué el autor incluye estos elementos?

Acuérdate

Piensa en la información que te dan la foto y la leyenda.

Comenta el título del texto.

 Escribe claves acerca de lo que hace cada abeja.

Abejas obreras	Abeja reina	Zánganos

¿Cómo te ayuda el título a comprender la idea principal del texto?

_____

- -

_____

_____

- -

_____

Coméntalo

¿Cómo explica el autor que cada abeja en la colmena tiene una función específica?

Equipos de animales

Paso 1 **Elige** un equipo de animales para investigar.

_____

- -

_____

Paso 2 **Decide** qué fuentes consultarás para hallar
la información que necesitas.

_____

- -

_____

Paso 3 **Dibuja** el equipo de animales que investigaste.
Usa rótulos para nombrar cada animal.

Paso 4 **Escribe** lo que aprendiste acerca del equipo de animales.

_____

- -

_____

- -

_____

- -

_____

- -

_____

Paso 5 **Decide** cómo presentarás tu trabajo.

Comenta cómo forman un equipo las aves de la foto. Usa oraciones completas.

Compara estas aves con el cardumen sobre el que leíste en "Peces en equipo".

Acuérdate

Para hablar sobre la foto, puedes completar estas oraciones:

Las aven vuelan juntas para…

Las aves se ayudan unas a las otras…

kevin palmer photography/Moment Open/Getty Images

Volar en un gran grupo es más seguro. Estas aves vuelan en bandadas para protegerse.

Lo que sé ahora

Piensa en los textos que escuchaste y leíste esta semana acerca de cómo los animales se ayudan unos a otros. Escribe lo que aprendiste.

_____

- -

_____

- -

_____

- -

_____

 Piensa en otros equipos de animales sobre los que te gustaría aprender. Coméntalo con un compañero.

 Comenta algo que aprendiste esta semana acerca de la no ficción.

Coméntalo

Comenta cómo se alimenta el águila.
¿Cómo usa su cuerpo? Exprésate con claridad.

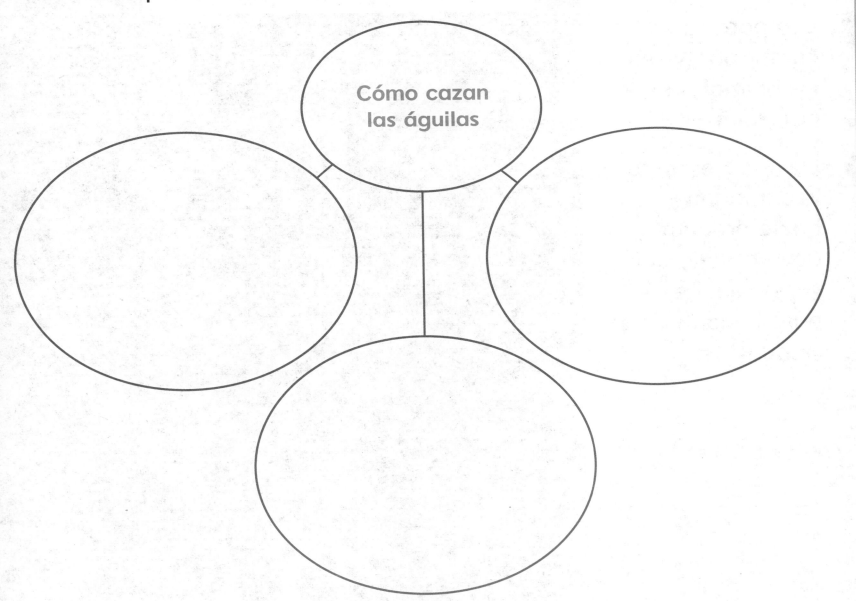 **Escribe** acerca de cómo las águilas
cazan para alimentarse.

Cómo cazan
las águilas

Inaki Relanzon/naturepl.com

Lectura compartida

 Buscar evidencias

 Lee para saber cómo sobreviven los animales en la naturaleza.

 Observa el título y la imagen y hazte preguntas acerca de lo que vas a leer. Lee para encontrar las respuestas.

Pregunta esencial

¿? ¿Cómo sobreviven los animales en la naturaleza?

¡A COMER!

Buscar evidencias

Subraya y lee en voz alta las palabras *embargo* y *gusto*.

Encierra en un círculo y lee en voz alta las palabras que tienen la combinación de consonantes *cl*.

Todos los animales deben comer para vivir. Sin embargo, no todos comen la misma clase de alimentos. Algunos animales grandes, como el hipopótamo, se alimentan de plantas. Este animal puede comer más de 130 libras de pasto por día.

Algunos animales pequeños comparten ese gusto por las plantas. ¡Pero comen menos! Esta ardilla come semillas y frutos secos. Puede oler una avellana incluso si está bajo la nieve.

Buscar evidencias

Haz preguntas que tengas acerca del texto. Lee para encontrar la respuesta.

Subraya y lee en voz alta la palabra *ríos*.

Algunos animales comen otros animales. Este felino corre sin parar para cazar animales. Les clava muy rápido las uñas y los colmillos.

Los sapos y las ranas buscan su comida en estanques o ríos. Esta rana está comiendo un **insecto**. También adora los caracoles. ¡Y los ratones! Los come sin masticar, porque no tiene dientes.

craftvision/Vetta/Getty Images

Buscar evidencias

 Haz preguntas sobre el texto. Lee para hallar las respuestas.

 Encierra en un círculo y lee en voz alta las palabras que tienen la sílaba *cli*.

Algunos animales comen plantas y animales. Esta ave se inclina para buscar semillas y hojas. Pero estará muy contenta si halla un insecto, una víbora o una lagartija.

Esta tortuga pintada come plantas, peces y ranas. Vive en estanques de agua fría. Después de nadar, sale a la orilla para descansar en el clima cálido.

Andrew McLachlan/All Canada Photos/Getty Images

Buscar evidencias

Vuelve a contar el texto usando las fotos y las palabras.

Enfoque en la fluidez

Túrnate con un compañero para leer el texto en voz alta.

- Lee cada palabra con atención.
- Lee como si estuvieras hablando.

Por la mañana, el oso puede comer plantas. Luego, pesca en el río claro. Más tarde, sale a cazar. Por la noche, en el campamento, habrá más comida para buscar…

Andy Rouse/The Image Bank/Getty Images

¡Qué **susto** ver un oso por aquí! ¡Él es quien se lleva la comida del campamento!

Los animales salvajes buscan comida de muchas maneras.

Juniors Bildarchiv GmbH/Alamy

Vocabulario

 Escucha las oraciones y mira las fotos.

 Comenta qué significan las palabras.

 Escribe tu propia oración usando cada palabra.

insecto

La abeja es un **insecto**.

_____

- -

_____

susto

¡Un oso te puede dar un gran **susto**!

_____

- -

_____

Cuando leemos, podemos encontrar grupos de palabras que tienen algo en común.

Buscar evidencias

Puedo encontrar palabras que corresponden a la misma categoría. Las palabras *plantas*, *semillas* y *avellana* nombran cosas que comen las ardillas. Buscaré otras palabras que correspondan a la categoría de cosas que comen los animales.

Los sapos y las ranas buscan su comida en los estanques. Esta rana está comiendo un insecto También adora los caracoles ¡Y los ratones!

Tu turno

¿Qué palabras corresponden a la categoría "nombres de animales" en la página 78?

_____

_____

_____

_____

_____

_____

La **no ficción** es un género literario. Los textos de no ficción brindan datos sobre hechos reales. Pueden estar organizados a partir de descripciones.

 Vuelve a leer "¡A comer!" para descubrir cómo está organizado el texto.

 Comenta qué comen las ardillas. ¿Cómo describe la autora la manera en que encuentran la comida?

 Escribe acerca de cómo otros animales encuentran su comida.

Animal	¿Cómo encuentra su comida?
1.	1.
2.	2.
3.	3.

Recuerda que la idea principal es el tema del texto. Los detalles clave brindan información acerca de la idea principal.

 Vuelve a leer "¡A comer!".

 Comenta el detalle clave sobre las ardillas en la página 75. Anótalo en la tabla.

 Escribe otros detalles clave del texto. Luego piensa en qué tienen en común los detalles clave para escribir la idea principal.

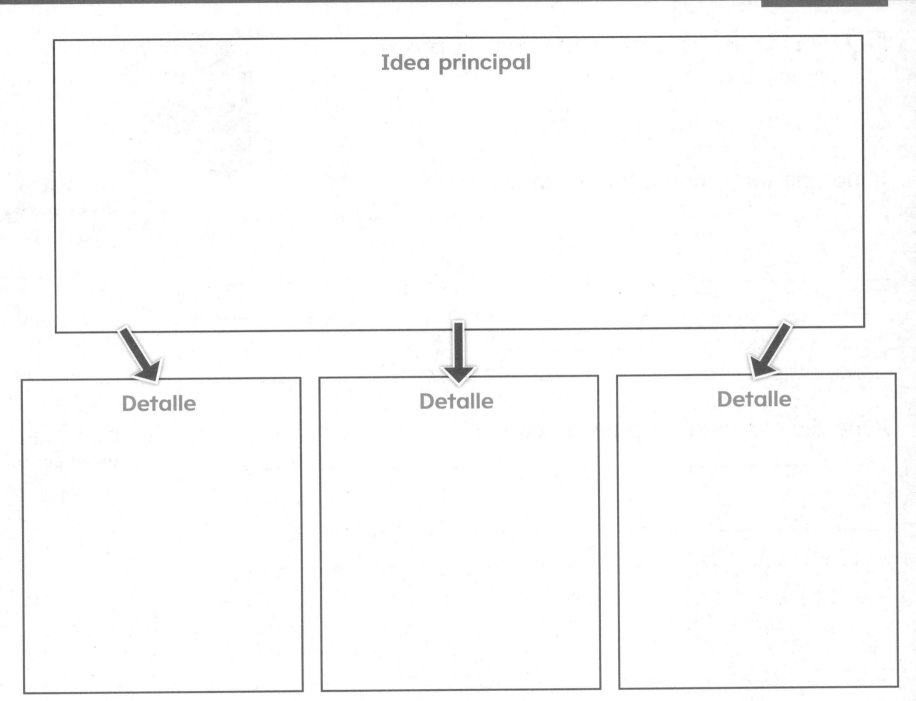

Idea principal

Detalle

Detalle

Detalle

Vuelve a contar el texto con tus propias palabras.

Escribe acerca del texto.

¿Qué animal se come a la araña?

_____

- -

_____

- -

_____

Evidencia en el texto

Página

¿Qué dice la rana después de comer?

_____

- -

_____

- -

_____

Evidencia en el texto

Página

Comenta en qué se parecen y en qué se diferencian ambos textos.

 Escribe acerca de los textos.

¿En qué se parecen los textos?

_____

_____

_____

_____

¿En qué se diferencian el hipopótamo y la ardilla de otros animales?

_____

_____

_____

_____

Haz inferencias

Presta atención a los detalles para comprender información que no está explicada en el texto.

¿Qué describen los autores de cada texto?

Comenta cómo se presenta cada nuevo animal en el texto.

 Escribe a quiénes nombran las frases escritas con letras más grandes.

Como rayo,...	
¡El rabudo...	

¿Por qué crees que el autor pone el primer verso de la estrofa en letras más grandes y de otro color que los demás versos?

_____

_____

_____

Comenta qué pasa en las páginas 66 y 67.

 Escribe claves de las ilustraciones que te indiquen qué hace la culebra.

Página 66	Página 67

¿Cómo usa el autor las ilustraciones y el texto para ayudarte a imaginar cómo come la culebra?

_____

- -

_____

- -

_____

Conversa sobre los signos de puntuación en las páginas 70 a 73.

 Escribe las diferencias entre los textos de las páginas 71 y 73.

Página 71	Página 73
signo de puntuación:	signo de puntuación:
Estos signos indican que	Estos signos indican

¿Cómo diferencia el autor los versos de la última página?

_____

- -

_____

_____

- -

_____

 Escríbelo

¿Cómo funciona la cadena alimentaria?

"La hormiga"

 Conversa sobre las ilustraciones de las páginas 78 y 79.

 Escribe claves de la ilustración que te ayuden a comprender qué hacen las hormigas.

Las hormigas

¿Cómo te ayuda la ilustración a comprender el ambiente del poema?

_____

_____

_____

_____

Comenta qué palabras riman en el poema.

 Escribe las palabras que riman en cada verso.

La hormiga

Palabras que riman en el verso 1	
Palabras que riman en el verso 2	

¿Por qué crees que el autor escribió palabras que riman en el poema?

_____

- -

_____

_____

- -

_____

Acuérdate

Para ver qué palabras riman, presta atención a las vocales de las palabras en los versos.

Comenta el tema del poema.

 Escribe algunas ideas acerca de lo que podría ocurrir con las hormigas en el futuro.

La hormiga podrá quedarse	Porque hará mucho

¿De qué manera el texto nos ayuda a comprender cómo son las hormigas?

_____

- -

_____

- -

_____

 Escríbelo

Escribe un poema acerca de otro animal en invierno o en verano. Recuerda usar palabras que riman.

El ciclo de vida de los animales

Paso 1 **Elige** un animal para investigar
su ciclo de vida.

_____

- -

_____

Paso 2 **Decide** qué quieres saber del animal.
Escribe tus preguntas.

_____

- -

_____

_____

- -

_____

- -

_____

Paso 3 **Consulta** libros de la biblioteca para hallar
la información que necesitas.

Paso 4 **Escribe** lo que aprendiste acerca del animal.

_____

- - - - - - - - - - - - - - - - - - -

_____

_____

- - - - - - - - - - - - - - - - - - -

_____

_____

- - - - - - - - - - - - - - - - - - -

_____

_____

- - - - - - - - - - - - - - - - - - -

_____

_____

- - - - - - - - - - - - - - - - - - -

_____

Paso 5 **Dibuja** el animal.

Paso 6 **Decide** cómo presentarás tu trabajo.

Comenta lo que está haciendo la orca en la fotografía.

 Compara y constrasta la alimentación de la orca y la de los animales de "¡A comer!".

Acuérdate

Para comparar y contrastar, puedes completar estas oraciones:

Los hipopótamos comen…

Las orcas comen…

Las orcas comen peces y otros animales vivos. Cazan su alimento en el mar.

Lo que sé ahora

Piensa en los textos que escuchaste y leíste esta semana acerca de cómo sobreviven los animales en la naturaleza. Escribe lo que aprendiste.

_____

- -

_____

- -

_____

- -

_____

 Piensa en otros animales sobre los que te gustaría aprender. Coméntalo con un compañero.

 Comenta algo que aprendiste esta semana acerca de la no ficción.

Coméntalo

 Pregunta esencial ¿Qué insectos conoces? ¿En qué se parecen y en qué se diferencian?

Comenta cómo es la oruga. ¿En qué se parece a otros insectos que conoces?

 Escribe lo que sabes acerca de las orugas.

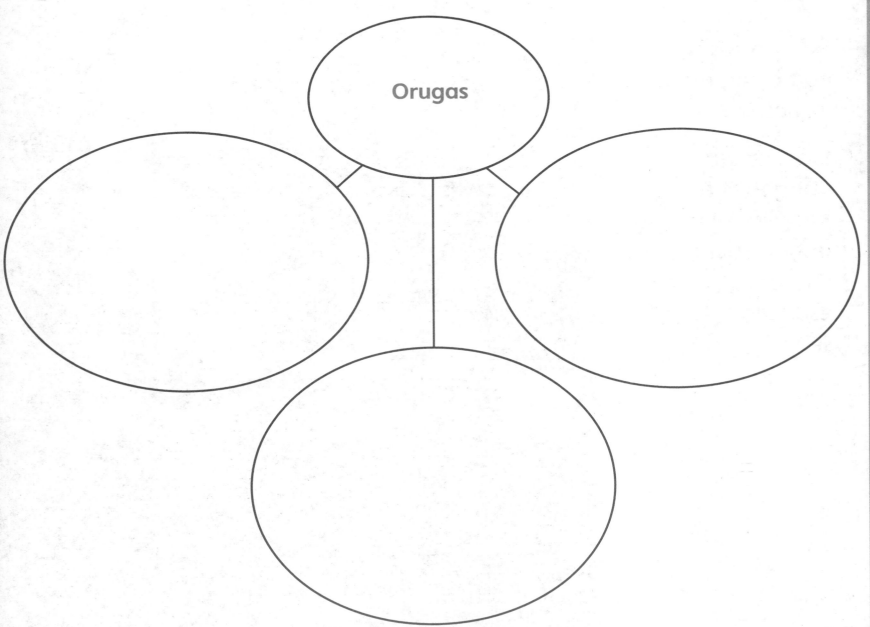

Orugas

Lectura compartida

 Buscar evidencias

 Lee para saber cómo son algunos insectos.

 Observa las imágenes e imagina el campo donde sucede el cuento. ¿Qué se escucha? ¿Qué se ve?

Pregunta esencial

¿Qué insectos conoces? ¿En qué se parecen y en qué se diferencian?

¿Dónde está la oruga?

Buscar evidencias

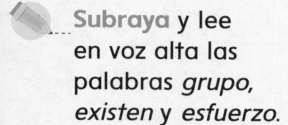 **Subraya** y lee en voz alta las palabras *grupo, existen* y *esfuerzo.*

 Piensa en el significado de la palabra *salto.* ¿Cómo te ayuda esta palabra a imaginarte cómo se mueve el saltamontes?

¡Qué vanidosos!

El sol se asoma. En el jardín, un grupo de insectos se junta para hablar.

—Subo a las flores más altas de un salto. ¡No existen límites para mí! —comenta el vanidoso saltamontes.

—Yo llevo hojas enormes sin esfuerzo —dice la hormiga.

—Mis alas son de un **hermoso** color rojo —dice la catarina.

—Yo recorro el jardín volando en menos de un minuto —añade la abeja.

Buscar evidencias

Piensa cómo se siente la oruga. ¿Por qué se lamenta?

Encierra en un círculo y lee en voz alta las palabras que tengan la combinación de consonantes *cr.*

—¡Yo no! —se lamenta la oruga—. No sé saltar ni volar. No llevo hojas sobre el lomo. Ando muy lentamente por el piso…

La oruga se aleja con pena. Y los demás se apenan al verla partir.

¿Dónde está la oruga?

A la tarde, la catarina sirve helado de crema para todos. Pero la oruga no está. ¿Adónde fue? ¿Estará en un escondite secreto?

Buscar evidencias

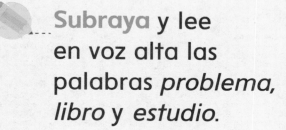

Subraya y lee en voz alta las palabras *problema*, *libro* y *estudio*.

Encierra en un círculo y lee en voz alta las palabras que tienen las sílabas *cre* y *cru*.

—¿Y si está perdida? —dice el saltamontes—. ¡Qué problema!

—Creo que sé dónde está —comenta la hormiga—. Cuando está triste, lee su libro favorito bajo el árbol. A la oruga le encanta el estudio.

Y los dos salen a buscarla.

—¿Y si no está allí? —dice la catarina—. Esta mañana vi un pájaro volando… ¿Crees que la atacó?

—Oí un crujido entre las ramas —dice la abeja, asustada—. ¡Vamos a ayudarla!

Y las dos salen volando.

Vuelve a contar el texto usando las ilustraciones y las palabras del cuento.

Enfoque en la fluidez

Túrnate con un compañero para leer el texto en voz alta.

- Lee cada palabra con atención.

- Lee como si estuvieras hablando.

Una amiga elegante

Pasan los días y la oruga no aparece.

Una mañana, llega una **elegante** mariposa de visita.

—¡Volví! —Todos miran a la mariposa sin entender—. Me envolví en una bolsa de hilo llamada crisálida. Dormí por unos días y me desperté así.

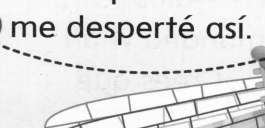

—¡Soy yo! Antes era una oruga. ¡Ahora soy una mariposa!

—¡Qué bella! ¡Tus alas son como el cristal! —suspira la catarina.

—¡Ahora puedo volar! ¡Vamos a jugar! —dice la mariposa.

Vocabulario

 Escucha las oraciones y mira las fotos.

 Comenta qué significan las palabras.

 Escribe tu propia oración usando cada palabra.

hermoso

Las alas tienen un color **hermoso**.

_____

- -

_____

elegante

Tengo un sombrero muy **elegante**.

_____

- -

_____

Si no conoces el significado de una palabra, presta atención a cómo se usa en la oración.

Buscar evidencias

No sé bien qué significa *lomo*. La oruga dice "No llevo hojas sobre el lomo". Eso me da una pista de que *lomo* es una parte del cuerpo.

No sé saltar ni volar. No llevo hojas sobre el lomo

Tu turno

¿Qué significa la palabra *apenan* en la página 106 del cuento?

_____

_____

_____

_____

_____

_____

_____

Los cuentos de **fantasía** tienen personajes que no podrían existir en la vida real. A menudo presentan un problema y una solución.

 Vuelve a leer "¿Dónde está la oruga?" para saber cuál es el problema y la solución en el cuento.

 Comenta cómo sabes que los personajes no podrían existir en la vida real.

 Escribe acerca del problema de la oruga. ¿Cómo lo soluciona?

¿Cuál es el problema?	¿Cuál es la solución?
I.	I.
2.	2.
3.	3.

El **punto de vista** es lo que opinan o sienten
los personajes del cuento.

¿Dónde está la oruga?

 Vuelve a leer "¿Dónde está la oruga?".

 Comenta el punto de vista de cada
personaje del cuento.

 Escribe acerca de cómo se siente
cada personaje.

Personaje	Clave	Punto de vista

Vuelve a contar el cuento con tus propias palabras.

 Escribe acerca del cuento.

¿Por qué los insectos llegan tarde a la escuela?

_____

- -

_____

- -

_____

Evidencia en el texto

Página

¿Por qué los insectos se llevan el peluche?

_____

- -

_____

- -

_____

Evidencia en el texto

Página

Un tesoro

Ivar Da Coll

Comenta en qué se parecen y en qué se diferencian ambos cuentos. Usa oraciones completas.

 Escribe acerca de los cuentos.

¿En qué se parecen los cuentos?

_____

_____

_____

¿Cómo se mueven los insectos de ambos cuentos?

_____

_____

_____

Acuérdate

Para comprender cómo se mueven los insectos, puedes usar las claves del texto y de las ilustraciones.

La mosca y la libélula…

El saltamontes…

Comenta el punto de vista de cada insecto cuando ve el tesoro.

 Escribe lo que opina cada uno de los insectos acerca del tesoro.

Libélula opina que…	
Abeja opina que…	
Polilla opina que…	

¿Cómo muestra el autor lo que piensan los insectos sobre el tesoro cuando lo ven por primera vez?

_____

_____

_____

_____

Comenta las páginas 92 y 93.

 Escribe claves del texto y de las ilustraciones que te ayuden a comprender cómo se sienten los personajes.

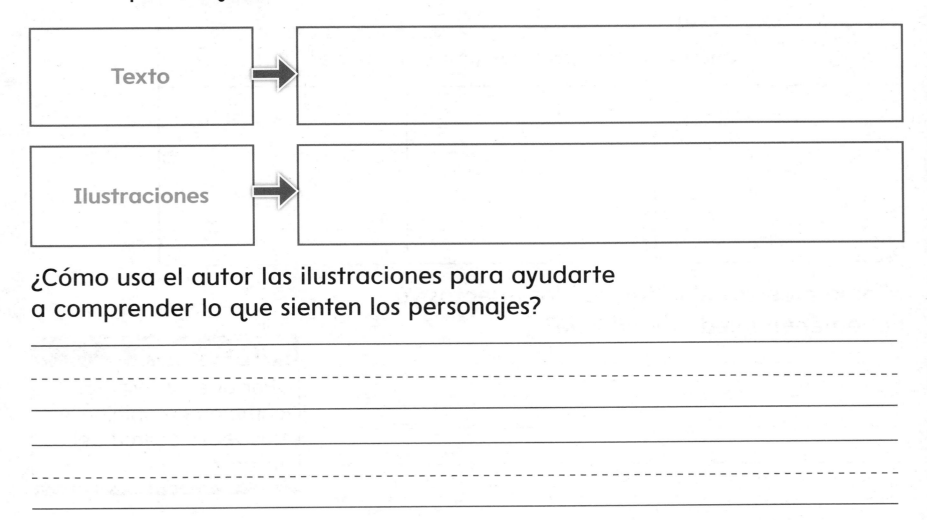

Texto	→	

Ilustraciones	→	

¿Cómo usa el autor las ilustraciones para ayudarte a comprender lo que sienten los personajes?

_____

- -

_____

- -

_____

Comenta lo que hacen los insectos en las páginas 98 y 99.

 Escribe claves del texto y las ilustraciones acerca de lo que hacen los insectos.

¿Qué hacen los insectos con el peluche?		

¿Cómo muestra el autor que los insectos ya no le tienen miedo al peluche?

_____

- -

_____

- -

_____

 Escríbelo

¿Por qué los insectos cambian de opinión dos veces acerca del tesoro?

"Con ustedes, los insectos"

El cuerpo de un insecto

Los insectos tienen seis patas. No tienen huesos. La parte externa del cuerpo es dura y protege el cuerpo del insecto. La mayoría de los insectos tiene antenas y alas.

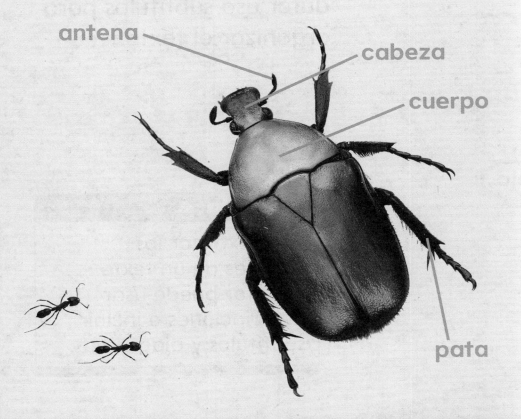

antena

cabeza

cuerpo

pata

Lee para saber lo que pueden hacer los insectos.

Subraya la oración que dice qué tiene la mayoría de los insectos.

Comenta el subtítulo. ¿Cómo te ayuda a comprender el texto de esta página?

Brian Hagiwara/Stockbyte/Getty Images. Burke/Triolo Productions/Brand X Pictures/Getty Images

Los sentidos de los insectos

Los insectos usan los sentidos para buscar comida. La mosca usa las antenas para oler. Con las patas prueba las cosas. Por eso las moscas se posan sobre la comida.

Los insectos no ven como vemos los seres humanos. Muchos insectos tienen más de dos ojos. ¡Este saltamontes tiene cinco!

ojo

ojo

ojo

ojo

ojo

Simon Murrell/Cultura/Getty Images

Encierra en un círculo la oración que dice lo que las moscas hacen con sus patas.

Subraya la oración que dice cuántos ojos tiene el saltamontes.

Comenta por qué el autor usa subtítulos para organizar el texto.

Acuérdate

Para explicar los detalles de un texto el autor puede usar descripciones e incluir subtítulos y diagramas.

Comenta cómo te ayudan las fotos a comprender cómo son los insectos.

Escribe claves de las fotos para completar la tabla.

¿Qué información brinda la foto de la página 103?	
¿Qué información brinda la foto de la página 104?	

¿De qué manera los rótulos te ayudan a comprender cómo son los insectos?

_____

- -

_____

Coméntalo

¿Por qué el autor incluye fotos de diferentes insectos?

Dos insectos

Paso 1 **Elige** dos insectos para investigar y comparar las partes de sus cuerpos.

_____

- -

_____

Paso 2 **Consulta** libros de la biblioteca o internet para hallar la información que necesitas.

Paso 3 **Dibuja** los insectos.

Paso 4 **Escribe** en qué se parecen y en qué se diferencian los insectos.

_____

- -

_____

- -

_____

- -

_____

- -

_____

- -

_____

Paso 5 **Decide** cómo presentarás tu trabajo.

Comenta lo que muestra la foto acerca de las libélulas.

 Compara las partes del cuerpo de esta libélula con las de los otros insectos sobre los que leíste.

Acuérdate

Para describir las libélulas, puedes completar estas oraciones:

Las libélulas tienen…

Las libélulas son insectos porque…

El cuerpo de la libélula tiene tres partes. La libélula tiene la cabeza y el abdomen azules. Su cuerpo es verde con franjas negras.

ChatchawalPhumkaew/iStock/Getty Images Plus/Getty Images

Lo que sé ahora

Piensa en los textos que escuchaste y leíste esta semana acerca de las semejanzas y diferencias entre los insectos. Escribe lo que aprendiste.

_____

- -

_____

_____

- -

_____

_____

- -

 Piensa en otros insectos de los que te gustaría saber más. Coméntalo con un compañero.

 Comenta algo que aprendiste esta semana acerca de los cuentos de fantasía.

Coméntalo

Pregunta esencial **¿Cómo trabaja la gente con los animales?**

Comenta lo que hace la entrenadora. ¿Qué crees que está enseñándole al perro?

Escribe acerca de las personas que trabajan con animales.

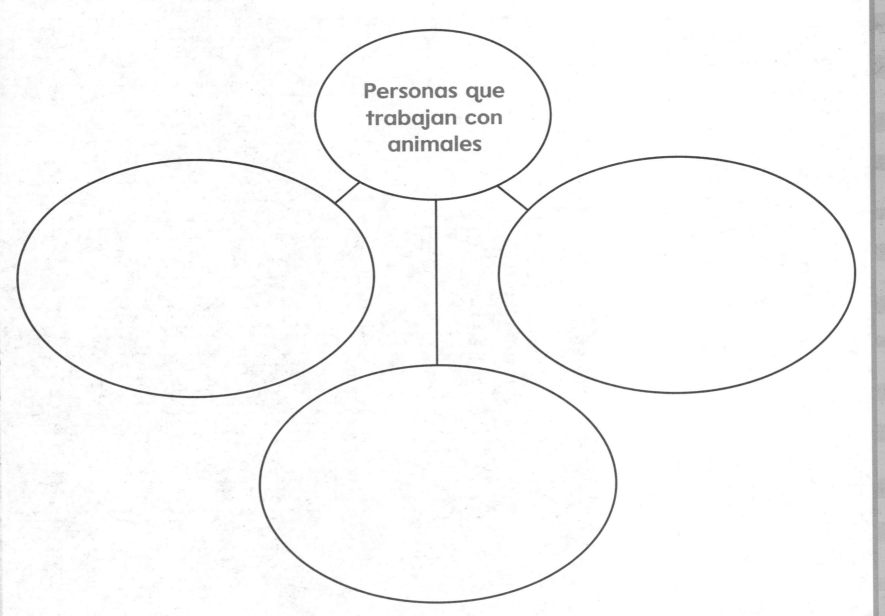

Personas que trabajan con animales

Lectura compartida

Buscar evidencias

Lee para saber cómo es el entrenamiento de los perros guía.

Encierra en un círculo y lee en voz alta las palabras con *g*.

Pregunta esencial

¿? ¿Cómo trabaja la gente con los animales?

De cachorro a perro guía

Casi todos los perros son mascotas. Pero algunos ayudan a las personas. ¿Cómo llega un cachorro a ser un perro de ayuda?

Subraya y lee en voz alta las palabras *blanco* y *quizá.*

Imagina un perrito astuto y juguetón. ¿Por qué crees que podría convertirse en un buen perro guía?

Un amigo leal

Este perrito blanco es Magú. Es un cachorro **astuto** y juguetón. Corre y salta todo el día. Cuando sea mayor, quizá sea de gran ayuda para una persona que no puede ver.

¡Y seguro que será un amigo muy leal!

Los perros de ayuda se llaman perros guía. Para ser guía, un cachorro debe ser muy listo. Como debe seguir órdenes, es importante que no tenga mañas. Su entrenamiento puede empezar cuando tiene ocho semanas.

▼ Un perro guía puede ser grande o pequeño.

Dato

Los labradores son buenos perros guía. Son listos y siguen las órdenes que les dan.

Ryan McVay/Photolibrary

Trabajos con animales **135**

Lectura compartida

🔍 **Buscar evidencias**

Comenta cómo una familia puede ayudar a entrenar a un cachorro. ¿Qué cosas pueden hacer?

Encierra en un círculo y lee en voz alta las palabras que tengan las sílabas *ga, gu* o *gui.*

En familia

Los cachorros como Magú viven con una familia durante al menos un año. Esa familia los alimenta y les da cariño. También los ayuda a estar sanos y les enseña muchas cosas.

▲ Los cachorros deben ver regularmente al veterinario.

Dato 🐾

Hay cerca de 10,000 perros guía en Estados Unidos y Canadá.

No ficción

La familia enseña a los cachorros a comportarse bien. Los perros guía deben llevar a cabo muchas tareas en diferentes lugares. Por eso, la familia lleva a los cachorros a conocer la comunidad. Así, los perros podrán encontrar el camino y guiar a sus amos.

▲ Este perro acompaña a la niña a un partido.

▼ Cada perro se adiestra por separado.

(t) Tom & Dee Ann McCarthy/Corbis/Getty Images; (b) PA/Topham/The Image Works

En la calle

Los perros guía ayudan a cruzar la calle a las personas que no pueden ver. Como no saben hablar, se comunican con el cuerpo. Aprenden a parar si hay luz roja en el semáforo. De ese modo, su amo sabe que no debe seguir caminando.

🔍 Buscar evidencias

Imagina un perro guía que se para ante la luz roja. ¿Por qué es importante que el perro guía haga esto?

Subraya y lee en voz alta la palabra *hablar*.

🐾 Dato

Un perro guía puede ir a los mismos lugares que la persona a la que ayuda.

◄ Este perro guía aprende a cruzar la calle.

Xinhua/Zumapress.com

Un perro guía también puede ayudar a una persona que no camina o que no se puede mover. El perro hace diferentes tareas en el mercado, en la calle o en la casa.

Un perro guía puede llamar el elevador y buscar cosas.

Buscar evidencias

Vuelve a contar el texto usando las fotos y las palabras.

Enfoque en la fluidez

Túrnate con un compañero para leer el texto en voz alta.

- Lee cada palabra con atención.

- Lee como si estuvieras hablando.

Un oído fino

Hay perros guía que ayudan a personas que no oyen. Al escuchar una **señal** de alarma o un grito, los perros le avisan a su amo con la patita o con un tirón en la ropa.

▼ Los perros guía saben que algunos sonidos son alertas de seguridad.

Dato

No se debe molestar a los perros guía cuando están en su trabajo.

¡Listo para guiar!

Enseñar a un perro a ser guía es una tarea delicada. Por eso, cuando una persona adopta un perro guía, escribe una nota para dar las gracias a la familia que lo educó.

¡Su trabajo ayuda a mucha gente!

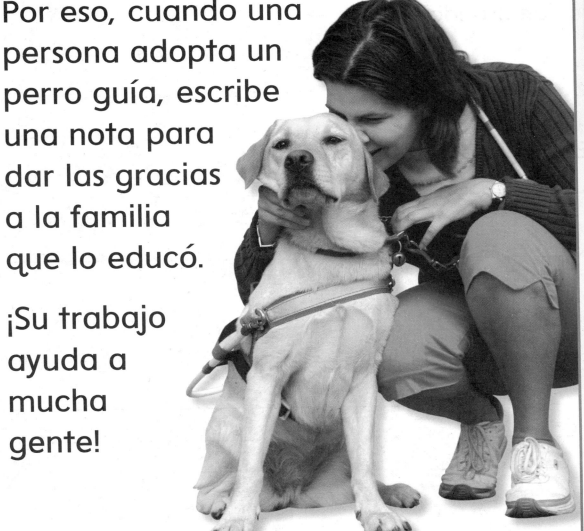

Altrendo Images/Altrendo/Getty Images

Vocabulario

 Escucha las oraciones y mira las fotos.

 Comenta qué significan las palabras.

 Escribe tu propia oración usando cada palabra.

astuto

Este pájaro es muy **astuto**.

_____

- -

_____

señal

El entrenador le da una **señal**.

_____

- -

_____

Tracey Charleson/Science Source/Getty Images; ©Juniors Bildarchiv GmbH/Alamy

Si no conoces el significado de una palabra, puedes identificar su raíz para encontrar su significado.

🔍 **Buscar evidencias**

No sé bien qué significa *juguetón*. La palabra *jugar* me da una pista. Sé que *jugar* es hacer cosas con el fin de entretenerse o divertirse. Puedo entender que *juguetón* significa que juega mucho.

Es un cachorro astuto y juguetón.

Tu turno

¿Qué significa *entrenamiento* en la página 135?

_____

- - - - - - - - - - - - - - - - -

_____

- - - - - - - - - - - - - - - - -

_____

- - - - - - - - - - - - - - - - -

_____

Los textos de no ficción pueden brindar datos sobre cosas y hechos reales. También pueden usar fotografías para ampliar la información. Las leyendas dan más información sobre las fotografías.

 Vuelve a leer "De cachorro a perro guía" para saber cómo se usan las fotos y las leyendas en el texto.

 Comenta qué información brinda la foto y la leyenda debajo de la foto de la página 136.

 Escribe acerca de la información que brindan las fotos y las leyendas en azul de las páginas 138 y 140.

Este texto de no ficción cuenta sobre

Información de la foto y las leyendas en la página 138

Información de la foto y las leyendas en la página 140

La **secuencia** es la manera en que los autores presentan la información en orden. Piensa en lo que pasa *primero, después, luego* y *al final* para comprender la secuencia.

 Vuelve a leer "De cachorro a perro guía".

 Comenta la secuencia de lo que sucede con los cachorros de perro guía.

 Escribe el orden de los pasos para entrenar a un cachorro para ser un perro guía.

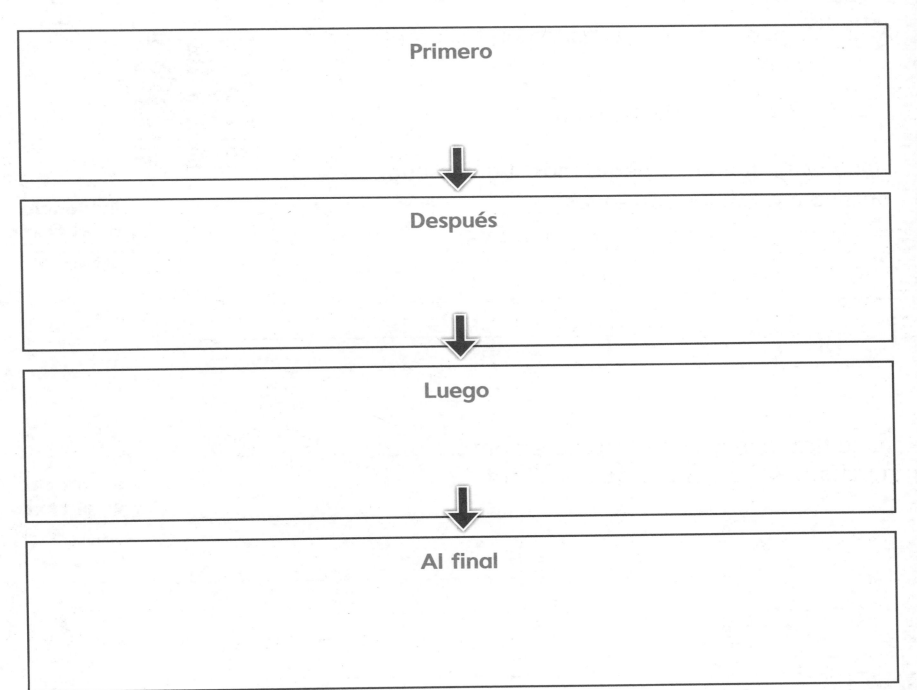

Primero

Después

Luego

Al final

Vuelve a contar el texto con tus propias palabras.

 Escribe acerca del texto.

¿Qué es lo que Koko pedía más seguido cuando aprendió a hablar con señas?

Evidencia en el texto

Página

¿Qué hizo Penny cuando Koko empezó a usar mucho la seña para la palabra "gato"?

Evidencia en el texto

Página

Comenta en qué se parecen y en qué se diferencian ambos textos.

 Escribe acerca de los textos.

¿En qué se parecen los perros guía y un animal como Koko?

_____

- -

_____

- -

_____

Piensa en los perros guía y los maestros como Penny. ¿Por qué sus trabajos son importantes?

_____

- -

_____

- -

_____

 Combina información

A medida que lees cada texto, piensa cómo cambiaron tus ideas sobre Koko.

Comenta lo primero que Penny le enseñó a hacer a Koko.

 Escribe claves del texto para completar la tabla.

¿Qué le enseña Penny a Koko primero?	¿Qué le enseña Penny a Koko después?

¿Por qué el autor presenta la información en orden?

_____

- - - - - - - - - - - - - - - - - - - -

_____

_____

- - - - - - - - - - - - - - - - - - - -

_____

Conversa sobre las señas que Koko hace en las páginas 108 y 109.

 Escribe qué te indican las leyendas.

Página 108	Página 109

¿Cómo te ayudan las leyendas a comprender las fotos?

_____

- -

_____

_____

- -

_____

 Escríbelo

¿En qué crees que se benefició Koko al aprender el lenguaje de señas?

¡Salvemos a las abejas!

Muchas abejas están muriendo. Los científicos consideran que hay insectos y enfermedades que les hacen daño.

Los apicultores trabajan con abejas.

Lee para saber cómo puedes ayudar a salvar a las abejas.

Encierra en un círculo la palabra que nombra a la persona que trabaja con abejas, en la leyenda.

Comenta por qué el autor incluye signos de exclamación. ¿Qué te indica esto?

¡Tú puedes colaborar! Puedes plantar flores. Las abejas se alimentan del néctar de las flores. También puedes hacer un refugio para abejas. Allí harán sus nidos. ¡Juntos, podemos salvar a las abejas!

Este es un refugio para abejas.
Puedes hacer un refugio con madera.

Subraya la palabra que indica qué material puedes usar para hacer un refugio.

Encierra en un círculo la palabra que indica lo que comen las abejas.

Comenta qué puede explicar el autor al incluir leyendas.

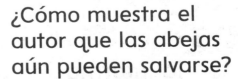

Coméntalo

¿Cómo muestra el autor que las abejas aún pueden salvarse?

Búsqueda e investigación

¡Protejamos a los animales!

Paso 1 **Elige** uno de los siguientes trabajos para investigar:

veterinario   cuidador del zoológico

Paso 2 **Decide** qué quieres aprender acerca de este trabajo. Escribe tus preguntas.

_____

- -

_____

_____

- -

_____

_____

- -

_____

Paso 3 **Consulta** libros de la biblioteca para hallar la información que necesitas.

Paso 4 Escribe lo que aprendiste acerca del trabajo que investigaste.

_____

- - - - - - - - - - - - - - - - - -

_____

- - - - - - - - - - - - - - - - - -

_____

- - - - - - - - - - - - - - - - - -

_____

- - - - - - - - - - - - - - - - - -

_____

- - - - - - - - - - - - - - - - - -

_____

- - - - - - - - - - - - - - - - - -

_____

Paso 5 Dibuja algo que aprendiste.

Paso 6 Decide cómo presentarás tu trabajo.

Comenta cómo las personas trabajaban con palomas.

 Compara el trabajo con palomas y el trabajo con perros guía. ¿En qué se parecen?

Acuérdate

Para describir cómo es el trabajo con las palomas, puedes completar estas oraciones:

Una persona ataba un...

La paloma volaba...

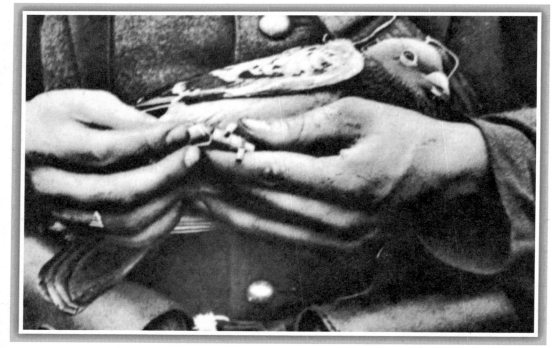

En el pasado, las palomas llevaban mensajes importantes atados a sus patas. Volaban y llevaban el mensaje a otras personas en pueblos vecinos.

World History Archive/Alamy

156 Unidad 4 • Semana 5

Lo que sé ahora

Piensa en los textos que escuchaste y leíste esta
semana acerca de cómo las personas trabajan
con animales. Escribe lo que aprendiste.

_____

_____

_____

_____

_____

_____

_____

 Piensa en otros trabajos con animales de los
que te gustaría saber más.

 Comenta algo que aprendiste esta semana
acerca de los textos de no ficción.

Escritura y gramática

Steve

Escribí un poema acerca de mi animal favorito. Tiene ritmo y palabras que riman.

Modelo del estudiante

Poema

Mi poema tiene palabras que riman. Terminan con los mismos sonidos.

¡Ruge el tigre!

Un tigre salvaje,

de hermoso pelaje,

yo soy el más grande

en este paisaje.

Poema

Mi poema también tiene ritmo. Las palabras y las sílabas tienen musicalidad.

Yo cazo de noche

y duermo de día.

Si quiero comida,

¡no hay quien me cuestione!

Género

 Comenta cómo sabes que el texto de Steve es un poema.

 Haz todas las preguntas que tengas acerca del poema.

 Encierra en un círculo las palabras que riman.

Plan

 Comenta algo sobre el animal acerca del que quieres escribir el poema.

 Dibuja a tu animal o **escribe** sobre él.

Acuérdate

Hazte preguntas acerca del animal. ¿Qué sonidos hace? ¿De qué color es?

Elige un animal para escribir tu poema.

_____

- -

_____

- -

_____

Menciona qué puede hacer el animal.

_____

- -

_____

_____

- -

_____

- -

_____

Piensa qué palabras podrías rimar.

Borrador

Lee el borrador del poema de Steve.

Modelo del estudiante

Un tigre

Un tigre salvaje,

que tiene pelaje,

yo soy el más grande

en este paisaje.

Elección de palabras

Mi poema tiene palabras descriptivas.

Yo cazo de |noche|

y duermo de día.

Si quiero comida,

¡no hay quien me cuestione!

Detalles clave

Incluí detalles en mi poema.

Tu turno

Comienza a escribir tu poema en tu cuaderno de escritura. Usa tus ideas de las páginas 160 y 161. Concéntrate en las palabras descriptivas.

Revisión y corrección

Piensa en las revisiones y correcciones que hizo Steve a su poema.

Modelo del estudiante

Revisé el poema y decidí ponerle un título mejor.

Agregué detalles para que mi poema fuera interesante.

Usé correctamente el verbo *ser* en presente.

¡Ruge el **tigre**!

Un tigre salvaje,

de hermoso pelaje,

yo soy el más grande

en este paisaje.

Gramática

- Algunos verbos, como *ser* son irregulares.

- Los adverbios pueden indicar cuándo ocurre una acción.

Me aseguré de usar correctamente un adverbio de tiempo.

Yo |cazo| de noche

y duermo de día.

|Ya| quiero comida...

¡no hay quien me cuestione!

Revisé la ortografía de una palabra con z.

Tu turno

Revisa y corrige tu texto en tu cuaderno de escritura. Asegúrate de usar los verbos y adverbios correctamente.

Comparte y evalúa

Publica

 Termina de revisar tu escritura. Asegúrate de que es clara y de que está lista para publicar.

 Practica tu presentación con un compañero. Usa la siguiente lista.

 Presenta tu trabajo.

Comprueba tu trabajo	Sí	No
Escritura		
Escribí un poema.	☐	☐
Usé palabras descriptivas.	☐	☐
Hablar y escuchar		
Escuché atentamente a mis compañeros.	☐	☐
Leí como si estuviera hablando.	☐	☐
Compartí información sobre mi tema.	☐	☐

Image Source/PunchStock

Comenta con un compañero lo que hiciste correctamente en tu escritura.

Escribe acerca de tu trabajo.

¿Qué hiciste correctamente en tu escritura?

_____
- -
_____
- -
_____

¿En qué debes mejorar?

_____
- -
_____
- -
_____

Repaso en espiral

Género:
- Cuento folclórico
- No ficción

Estrategia:
- Visualizar; Hacer y responder preguntas

Destreza:
- Secuencia; Idea principal y detalles clave

Estrategia de vocabulario:
- Claves de las oraciones; Categorías de palabras

 Lee "Los animales y el fuego". Usa las ilustraciones para imaginar el cuento.

Los animales y el fuego

Versión de un cuento folclórico wichi

Hace mucho tiempo, los animales no conocían el fuego. Jaguar era dorado y sin manchas. Un día, el sol lo llamó:

—¡Ven, Jaguar! Te daré algo maravilloso. Alza unas ramas.

Jaguar lo hizo. Preparó una antorcha, la acercó y el sol la encendió.

—¡Es fuego! Compártelo —dijo el sol.

Jaguar estaba muy feliz, pero no compartió el fuego. Los animales se pusieron furiosos. ¡Claro!

—¡Queremos fuego! —dijeron.

—¡No! ¡Es mío! —rugió Jaguar.

Zorro le ofreció ayuda a Jaguar para avivar el fuego. Jaguar aceptó y se durmió. Zorro tomó un palito, lo prendió y salió corriendo.

Al verlo, Jaguar saltó, pero cayó sobre los carbones y se manchó. Todos tuvieron fuego. ¡Estaban contentos! Todos, menos Jaguar. Quedó manchado y enojado.

Lo que aprendiste

Encierra en un círculo la respuesta correcta.

1 ¿Cómo sabes que este es un cuento folclórico?

    A Tiene fotografías.

    B Es una historia que podría ocurrir en la vida real.

    C Los animales hablan y actúan como humanos.

2 ¿Qué le pide el sol a Jaguar a cambio del fuego?

    A Que lo comparta.

    B Que se pinte manchas.

    C Que lo esconda.

3 ¿Qué significa la palabra *antorcha* en la página 168?

    A un tipo de comida

    B ramas para encender fuego

    C un juguete

Acuérdate

Mira cómo se usa la palabra en la oración para descubrir su significado.

Encierra en un círculo la respuesta correcta.

1 ¿Cómo sabes que este es un texto de no ficción?

A Es una historia inventada.

B Brinda datos reales sobre cosas reales.

C Tiene personajes que no podrían existir en la vida real.

2 ¿Cuál es la idea principal del texto?

A Las focas viven en el mar o en la tierra.

B Les gusta dormir en el mar.

C Les gusta comer bananas.

3 ¿Qué grupo de palabras pertenecen a la misma categoría?

A sol, nadar, aves

B mar, noche, verde

C cabeza, aleta, panza

Acuérdate

Cuando vuelvas a leer el texto, observa las fotos para ayudarte a responder las preguntas.

Enfoque en los cuentos folclóricos

Un **cuento folclórico** es una historia que se ha contado por muchos años. A menudo tienen animales que hablan y se comportan como humanos. También puede tener un mensaje.

 Vuelve a leer *La hormiga y la paloma.*

 Comenta con un compañero cómo sabes que se trata de un cuento folclórico.

Escribe sobre la enseñanza de este cuento.
¿Cómo se ayudan Hormiga y Paloma?

_____

- -

_____

- -

_____

- -

_____

- -

_____

 Comenta tus ideas con un compañero.

Responde a la Lectura en voz alta

Recuerda que la idea principal es de lo que trata el texto. Los detalles clave brindan información acerca de la idea principal.

 Escucha "Guerreros del invierno".

 Comenta los detalles clave del texto.

 Escribe los detalles clave y la idea principal.

Kate Sherry/EyeEm/Getty Images, (inset) chbaum/Shutterstock.com

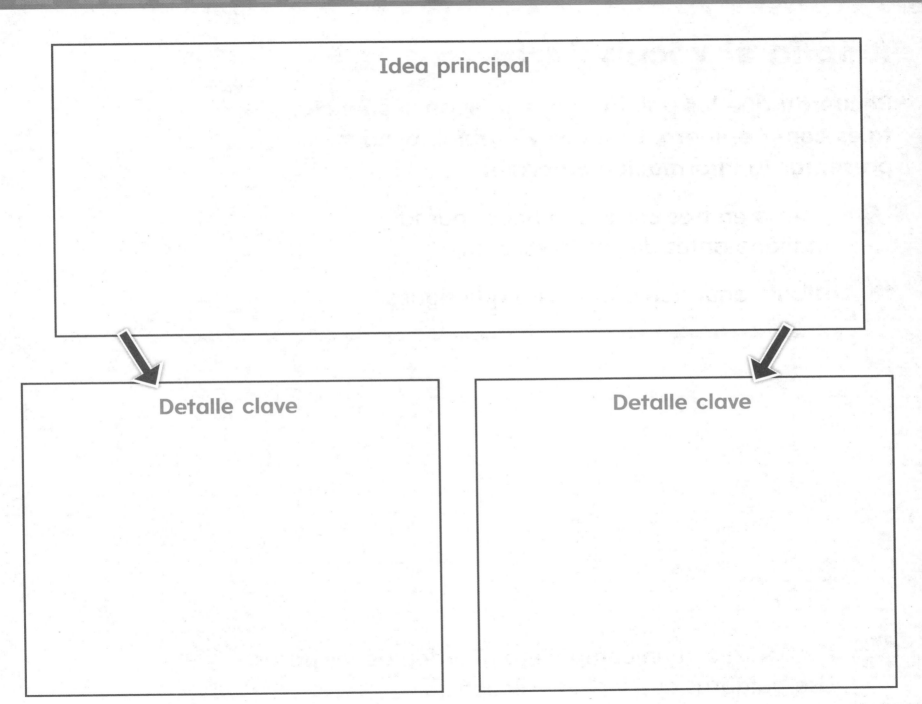

Idea principal

Detalle clave

Detalle clave

Amplía el vocabulario

Recuerda que las palabras que indican secuencia, tales como primero, después y al final, ayudan a presentar la información en orden.

 Piensa en tres cosas que haces por la mañana antes de ir a la escuela.

 Dibuja aquí abajo los pasos que sigues.

 Comenta con un compañero el orden de los pasos. Usa palabras que indican secuencia.

Dibuja los pasos a seguir para hacer
un avioncito de papel.

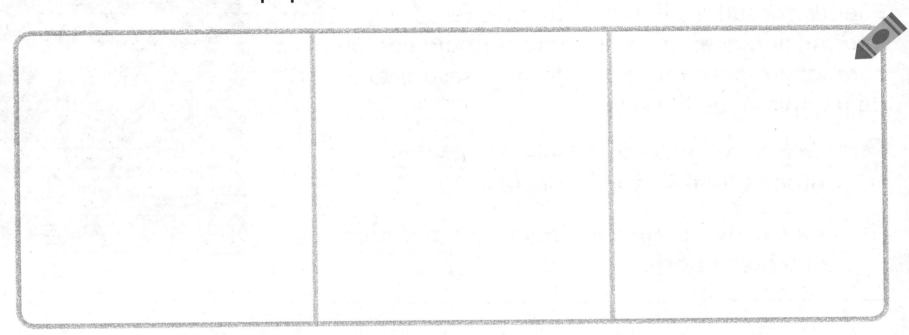

 Di a un compañero que siga los pasos.
Usa *primero, después* y *al final*. Pide a tu
compañero que repita los pasos en voz alta.
Luego sigan los pasos por turnos.

Informe sobre animales

Puedes consultar diferentes fuentes de información acerca de un tema. Trabaja con un compañero para crear un informe breve acerca de un animal de la selva.

 Comenta qué animal quieres investigar. Busca fuentes de información.

 Escribe la información abajo. Puedes usar una hoja aparte.

_____

- -

_____

_____

- -

_____

 Comparte tu trabajo con la clase.

Leer en línea TIME FOR KIDS

Los textos en línea a veces tienen **hipervínculos** en los que puedes hacer clic. Escucha "Dientes en acción" en _my.mheducation.com_. Haz clic en los hipervínculos.

 Comenta qué ocurre cuando haces clic en el primer hipervínculo.

 Escribe sobre el segundo hipervínculo. ¿Qué información brinda?

John Lund/Blend Images LLC

Escribe un poema

Un poema suele tener líneas breves y ritmo.

 Mira y piensa en este poema.

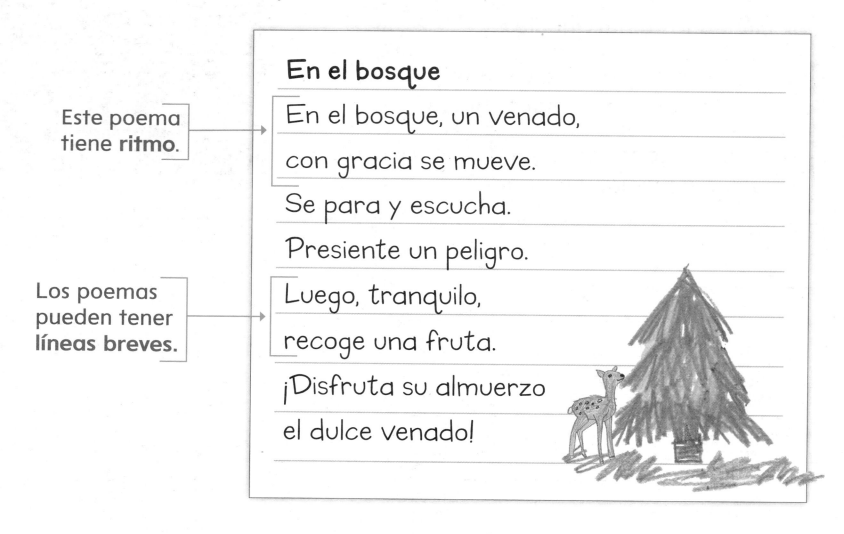

Este poema tiene **ritmo**.

Los poemas pueden tener **líneas breves**.

En el bosque

En el bosque, un venado,

con gracia se mueve.

Se para y escucha.

Presiente un peligro.

Luego, tranquilo,

recoge una fruta.

¡Disfruta su almuerzo

el dulce venado!

Piensa en un animal sobre el que te gustaría escribir un poema.

 Escribe tu poema abajo. Usa líneas breves.

Elige un libro

 Comenta con un compañero un libro que te gustaría leer. Di por qué te interesa leerlo.

Escribe el título.

_____

- - - - - - - - - - - - - - - -

_____

Escribe qué te gustó del libro. Comenta con un compañero cómo te sentiste.

 Minutos que leí

_____

- - - - - - - - - - - - - - - -

_____

_____

_____

- - - - - - - - - - - - - - - -

_____

¿Qué aprendiste?

Piensa en las destrezas que has aprendido.
¿Cómo te sientes con lo que puedes hacer?

Comprendo la idea principal y los detalles clave.	🙂	😐	🙁
Comprendo el punto de vista.	🙂	😐	🙁
Puedo usar un diccionario.	🙂	😐	🙁
Comprendo las categorías de palabras.	🙂	😐	🙁

¿En qué te gustaría mejorar?

_____

- -

_____

Tarjetas de fonética

Credits: (abeja) IT Stock Free/Alamy; (bate) Radlund & Associates/Artville/Getty Images; (camel) Dave Stamboulis Travel Photography/Flickr/Getty Images; (delphin) imagebroker/Alamy; (elephant) Ingram Publishing/Alamy; (fire) Comstock Images/Alamy; (guitar) Jules Frazier/Photodisc/Getty Images; (hipopotamo) Michele Burgess/Corbis; (iguana) Creatas/PunchStock; (jirafa) Ingram Publishing/Alamy; (koala) ©Al Franklin/Corbis; (limon) C Squared Studios/Photodisc/Getty Images; (nest) Siede Preis/Photodisc/Getty Images; (nandu) Photodisc/Getty Images; (oso) Photodisc/Getty Images; (piano) Photo Spin/Artville/Getty Images; (queso) John A. Rizzo/Photodisc/Getty Images; (rosa) Steve Cole/Photodisc/Getty Images; (sol) 97/E+/Getty Images; (tortuga) Ingram Publishing/Fotosearch; (uvas) Ingram Publishing/Alamy; (vocan) Westend6l/Getty Images; (Washington) Comstock/PunchStock; (taxi) Stockbyte/Stockdisc/Getty Images; (yo-yo) D. Hurst/Alamy; (zapatos) C Squared Studios/Photodisc/Getty Images

Aa
a
abeja

Bb
ba be bi
bo bu
bate

Cc
ca co cu
camello

Cc
ce ci
cepillo

Ch ch
cha che chi
cho chu
chaleco

Dd
da de di
do du
delfín

Ee
e
elefante

Ff
fa fe fi
fo fu
fuego

Gg
gue gui güe güi
ga go gu
guitarra

Gg
ge gi
gema

Hh
ha he hi
ho hu
hipopótamo

Ii
i
iguana

Jj
ja je ji
jo ju
jirafa

Kk
ka ke ki
ko ku
koala

Ll
la le li
lo lu
limón

Ll ll
lla lle lli
llo llu
llave

Mm
ma me mi
mo mu
mapa

Nn
na ne ni
no nu
nido

Ññ
ña ñe ñi
ño ñu
ñandú

Oo
o
oso

Pp
pa pe pi
po pu
piano

Qq
que qui
queso

Rr
ra re ri ro ru
-rra -rre -rri
-rro -rru
rosa

Rr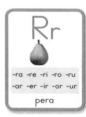
-ra -re -ri -ro -ru
-ar -er -ir -or -ur
pera

Ss
sa se si
so su
sol

Tt
ta te ti
to tu
tortuga

Uu
u
uvas

Vv
va ve vi
vo vu
volcán

Ww
wa we wi
wo wu
Washington

Xx
xa- xe- xi-
xo- xu-
xilófono

Xx
-xa -xe -xi
-xo -xu
taxi

Xx
-xa -xi
México

Yy
ya ye yi
yo yu
yo-yo

Zz
za ze zi
zo zu
zapato

Aa Bb Cc Dd Ee

Ff Gg Hh Ii Jj

Kk Ll Mm Nn Ññ

Oo Pp Qq Rr

Ss Tt Uu Vv

Ww Xx Yy Zz